Word Fa...
with
The Cartlin Carts

©2021 Adventures in Imagination Publishing
www.thecartlincarts.com

WORD FAMILY
-ab

cab
crab
dab
drab

grab
lab
nab
tab

crab

Finish the word

c___
cr___
d___
dr___

gr___
l___
n___
t___

Word Families with The Cartlin Carts

WORD FAMILY
-ad

bad
dad
glad
had

dad

lad
mad
pad
tad

Finish the word

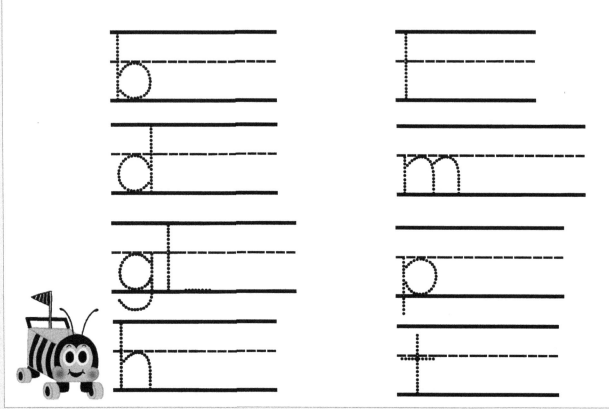

Word Families with The Cartlin Carts

WORD FAMILY -ag

bag
brag
drag
gag

nag
rag
tag
wag

wag

Finish the word

b_
br_
dr_
g_

n_
r_
t_
w_

Word Families with The Cartlin Carts

WORD FAMILY
-am

am
ham
jam
Pam

jam

Sam
slam
spam
yam

Finish the word

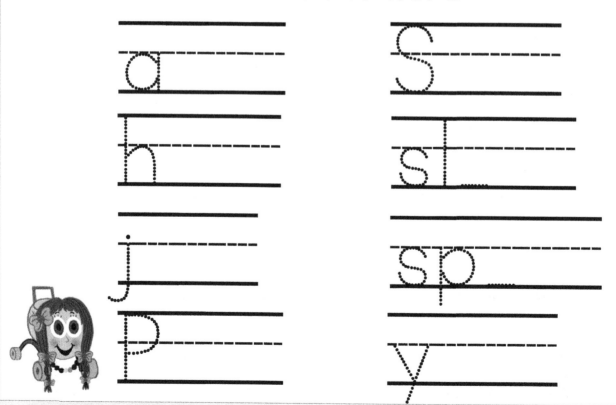

Word Families with The Cartlin Carts

WORD FAMILY
-an

ban pan
can ran
fan van
man

can

Finish the word

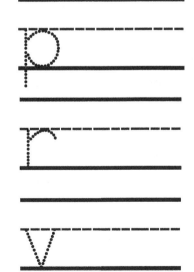

Word Families with The Cartlin Carts

WORD FAMILY
-ap

cap

flap

gap

lap

map

map

nap

tap

trap

Finish the word

c

f

g

l

m

n

t

tr

Word Families with The Cartlin Carts

WORD FAMILY
-ar

bar
car
far
jar

car

mar
par
scar
tar

Finish the word

b___
c___
f___
j___

m___
p___
sc___
t___

Word Families with The Cartlin Carts

WORD FAMILY
-at

bat
cat
fat
hat

cat

pat
rat
sat
vat

Finish the word

b___ p___
c___ r___
f___ s___
h___ v___

Word Families with The Cartlin Carts

WORD FAMILY
-aw

claw
draw
jaw
law

paw
raw
saw
straw

paw

Finish the word

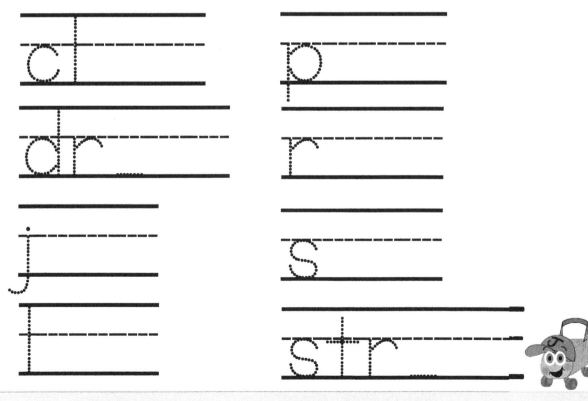

WORD FAMILY
-ay

bay
day
hay
may

play
ray
say
way

hay

Finish the word

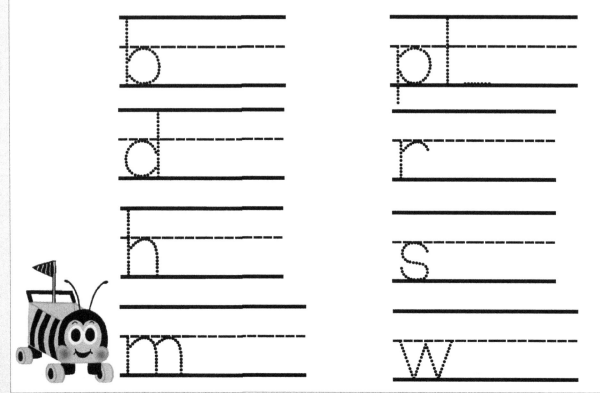

Word Families with The Cartlin Carts

WORD FAMILY
-ed

bed
fed
led
Ned

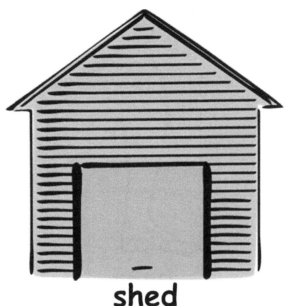
shed

red
shed
Ted
wed

Finish the word

b_
f_
l_
N_

r_
sh_
T_
w_

Word Families with The Cartlin Carts

WORD FAMILY
-ee

bee
fee
free
knee

Lee
see
tree
wee

knee

Finish the word

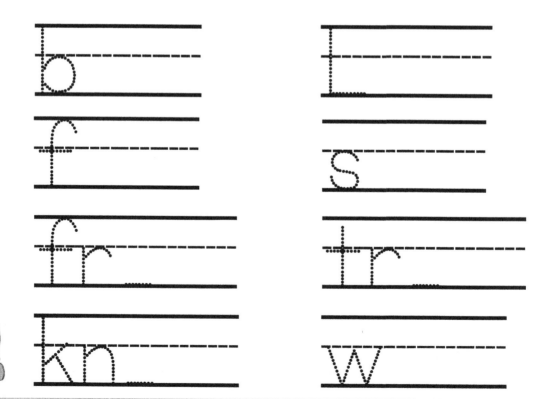

Word Families with The Cartlin Carts

WORD FAMILY
-eg

beg
keg
leg

Meg

Meg
peg

Finish the word

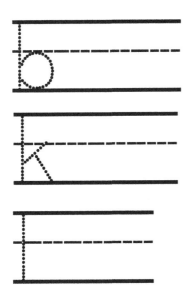

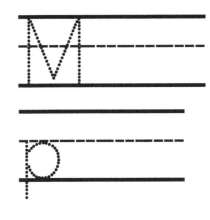

Word Families with The Cartlin Carts

WORD FAMILY
-en

Ben
den
hen
men

pen

pen
ten
then
when

Finish the word

Ben is short for Benny!

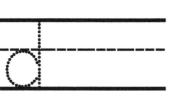

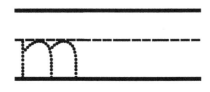

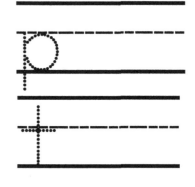
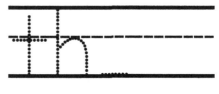
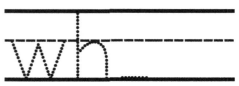

Word Families with The Cartlin Carts

WORD FAMILY
-et

bet

get

jet

let

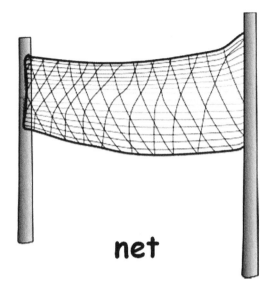

net

met

net

pet

vet

Finish the word

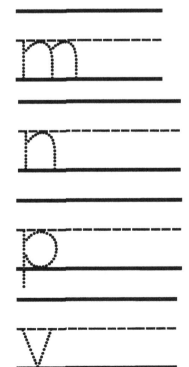

Word Families with The Cartlin Carts

WORD FAMILY
-ig

big
dig
fig
pig

pig

rig
twig
wig

Finish the word

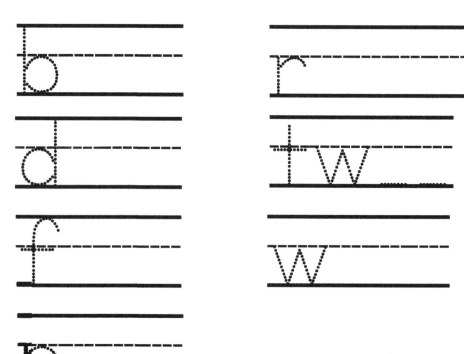

Word Families with The Cartlin Carts

WORD FAMILY
-in

bin
chin
fin
grin

pin

pin
tin
twin
win

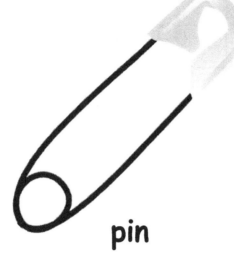

Finish the word

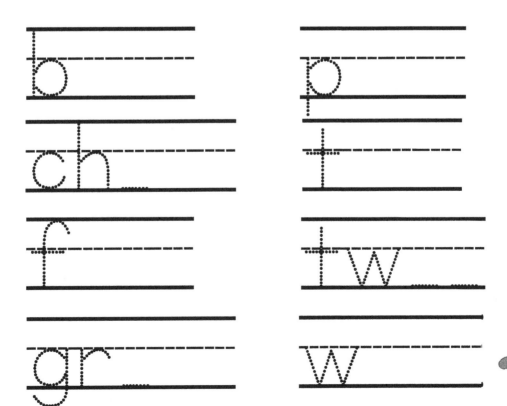

Word Families with The Cartlin Carts

WORD FAMILY
-ip

dip
hip
flip
nip

rip
sip
tip
trip

trip

Finish the word

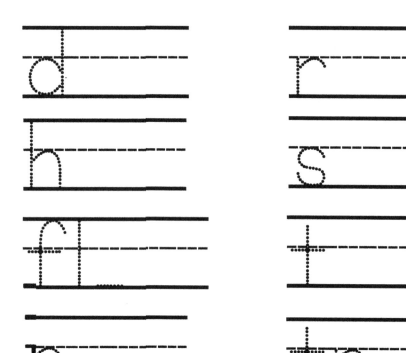

Word Families with The Cartlin Carts

WORD FAMILY
-it

bit
fit
hit
pit

sit

quit
sit
split
wit

Finish the word

b___

f___

h___

p___

qu___

s___

spl___

w___

Word Families with The Cartlin Carts

WORD FAMILY
-ob

blob
Bob
glob
job

Bob the glob

mob
rob
slob
snob

Finish the word

b
B
g
j

m
r
sl
sn

Word Families with The Cartlin Carts

WORD FAMILY
-og

bog
dog
fog
frog

frog

hog
jog
log
smog

Finish the word

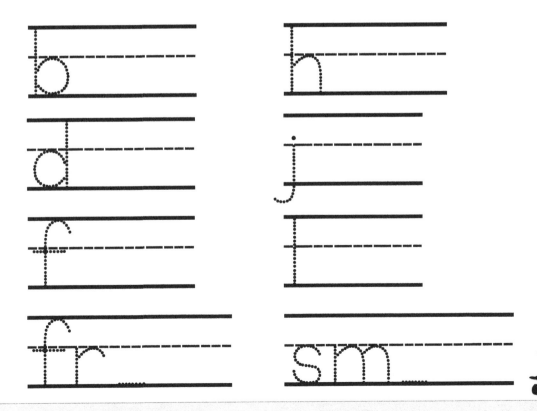

Word Families with The Cartlin Carts

WORD FAMILY
-op

cop
drop
hop
mop

mop

pop
shop
stop
top

Finish the word

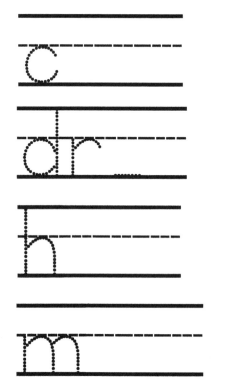

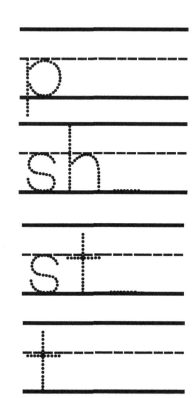

Word Families with The Cartlin Carts

WORD FAMILY
-ot

cot
dot
got
hot

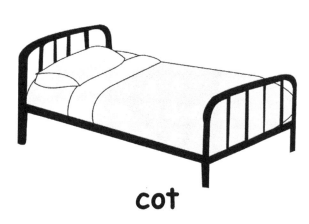
cot

jot
not
pot
tot

Finish the word

c_____
d_____
g_____
h_____

j_____
n_____
p_____
t_____

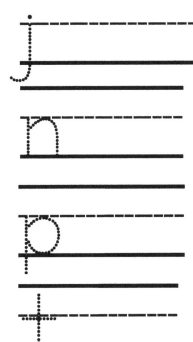

Word Families with The Cartlin Carts

WORD FAMILY
-ow

blow
crow
flow
glow

crow

grow
know
show
snow

Finish the word

b_
cr_
f_
g_

gr_
kn_
sh_
sn_

Word Families with The Cartlin Carts

WORD FAMILY
-ot

cot
dot
got
hot

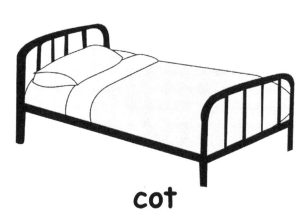
cot

jot
not
pot
tot

Finish the word

c_ _ _   j_ _ _
d_ _ _   n_ _ _
g_ _ _   p_ _ _
h_ _ _   t_ _ _

Word Families with The Cartlin Carts

WORD FAMILY
-ow

blow
crow
flow
glow

crow

grow
know
show
snow

Finish the word

b_
cr_
f_
g_

gr_
kn_
sh_
sn_

Word Families with The Cartlin Carts

WORD FAMILY
-ox

box
fox
lox

ox
pox
sox

fox

Finish the word

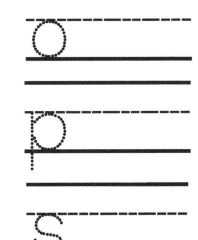

b_ _
f_ _
l_ _

o_ _
p_ _
s_ _

Word Families with The Cartlin Carts

WORD FAMILY
-oy

boy

ahoy
boy
coy
joy

ploy
Roy
soy
toy

Finish the word

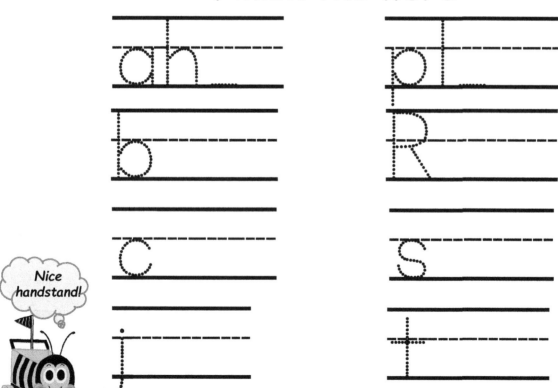

Nice handstand!

Word Families with The Cartlin Carts

WORD FAMILY
-ub

cub
club
grub
hub

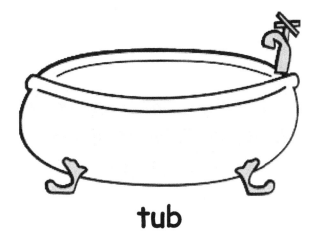
tub

rub
scrub
sub
tub

Finish the word

c_ _
cl_ _
gr_ _
h_ _

r_ _
scr_ _
s_ _
t_ _

Word Families with The Cartlin Carts

WORD FAMILY
-ue

argue
blue
clue
cue

glue
tissue
true

glue

Finish the word

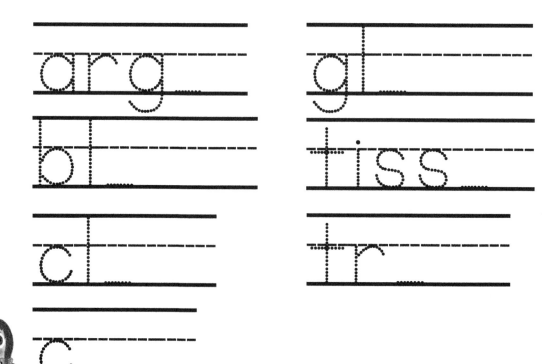

Word Families with The Cartlin Carts

WORD FAMILY
-ug

bug
dug
hug
jug

bug

mug
rug
snug
tug

Finish the word

b_ _

d_ _

h_ _

j_ _

m_ _

r_ _

sn_ _

t_ _

Word Families with The Cartlin Carts

WORD FAMILY
-um

bum mum
drum sum
gum tum
hum yum

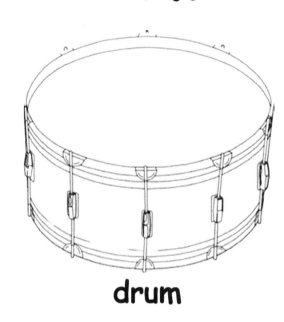

drum

Finish the word

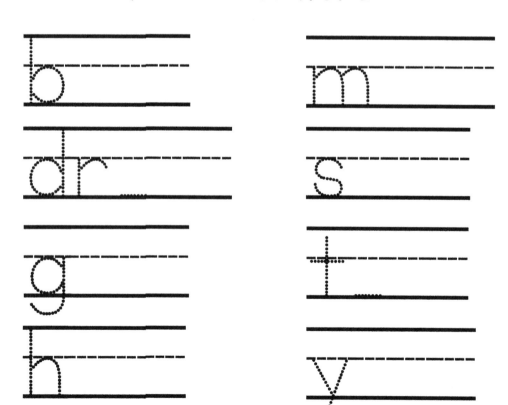

Word Families with The Cartlin Carts

WORD FAMILY
-un

bun pun
fun run
gun sun
nun

run

Finish the word

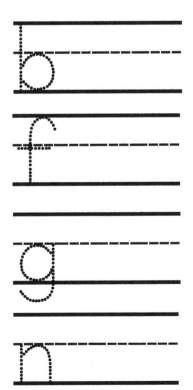
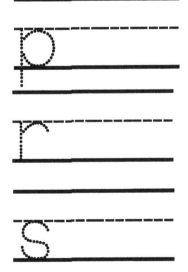

Word Families with The Cartlin Carts

WORD FAMILY
-ut

but
cut
gut
hut

jut
nut
rut
shut

hut

Finish the word

b___   j___
c___   n___
g___   r___
h___   sh___

Word Families with The Cartlin Carts

WORD FAMILY
-ack

back
pack
rack

sack

sack
tack
black

Finish the word

b____   s____

p____   t____

r____   b____

And Jack!

Word Families with The Cartlin Carts

WORD FAMILY
-ail

ail
bail
fail
jail

sail

mail
nail
sail
tail

Finish the word

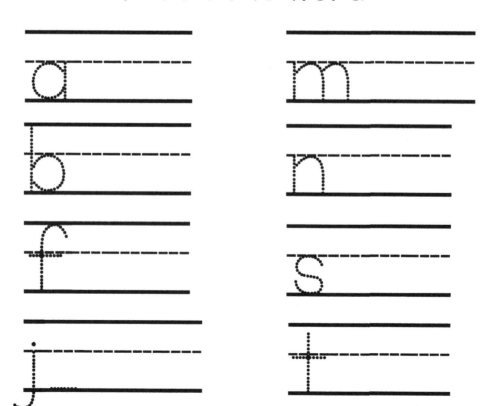

Word Families with The Cartlin Carts

WORD FAMILY
-ain

brain
gain
main
pain

train

rain
train
vain
wain

Finish the word

br_____   r_____

g_____   tr_____

m_____   v_____

p_____   w_____

Word Families with The Cartlin Carts

WORD FAMILY -ake

bake
cake
lake
make

cake

rake
snake
take
wake

Finish the word

b___
c___
l___
m___

r___
sn___
t___
w___

Word Families with The Cartlin Carts

WORD FAMILY
-ale

ale
bale
hale
kale

male
pale
sale
tale

bale

Finish the word

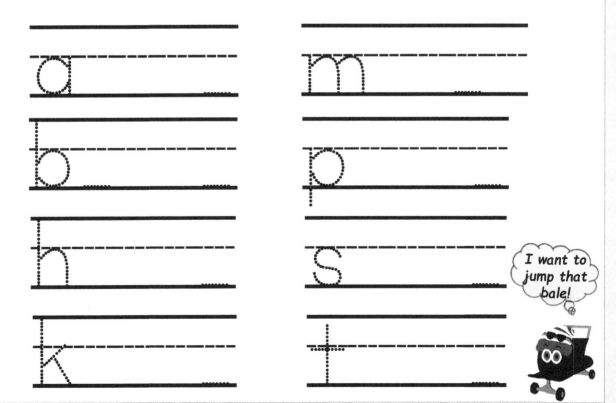

I want to jump that bale!

Word Families with The Cartlin Carts

WORD FAMILY
-all

all
ball
call
fall

ball

hall
mall
tall
wall

Finish the word

a___   h___
b___   m___
c___   t___
f___   w___

Word Families with The Cartlin Carts

WORD FAMILY
-ame

came
dame
fame
game

lame
name
same
tame

game

Finish the word

c
d
f
g

l
n
s
t

Word Families with The Cartlin Carts

WORD FAMILY
-ank

bank
blank
drank
prank

bank

rank
tank
thank
yank

Finish the word

b_____

bl_____

dr_____

pr_____

r_____

t_____

th_____

y_____

Word Families with The Cartlin Carts

WORD FAMILY -ash

ash
bash
cash
crash

dash
lash
mash
sash

crash

Finish the word

b_ _
c_ _
cr_ _

d_ _
l_ _
m_ _
s_ _

Word Families with The Cartlin Carts

WORD FAMILY
-ate

ate   hate
date   late
fate   rate
gate   skate

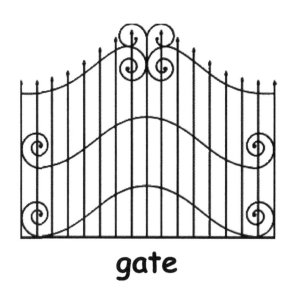
gate

Finish the word

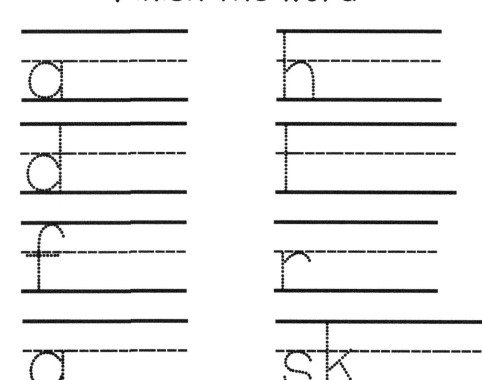

Word Families with The Cartlin Carts

WORD FAMILY
-eat

eat
beat
cheat
heat

meat
neat
treat
wheat

wheat

Finish the word

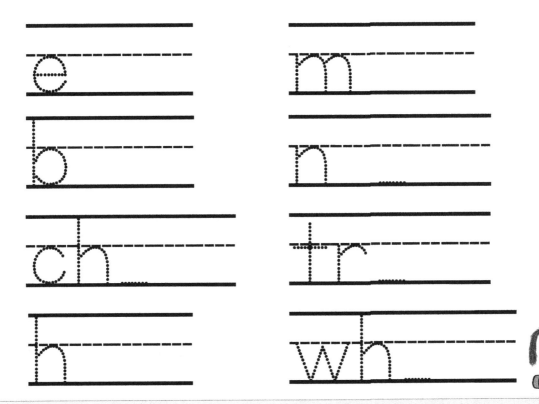

Word Families with The Cartlin Carts

WORD FAMILY
-eel

eel
feel
heel
keel

kneel
peel
steel
wheel

wheel

Finish the word

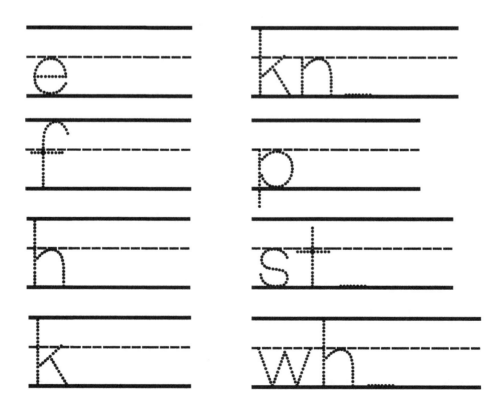

Word Families with The Cartlin Carts

WORD FAMILY
-eep

sheep

beep
bleep
deep
jeep

keep
peep
sleep
weep

Finish the word

b_ _ _
bl_ _ _
d_ _ _
j_ _ _

k_ _ _
p_ _ _
sl_ _ _
w_ _ _

Word Families with The Cartlin Carts

WORD FAMILY
-ell

bell  sell
cell   tell
dell   well
fell   yell

well

Finish the word

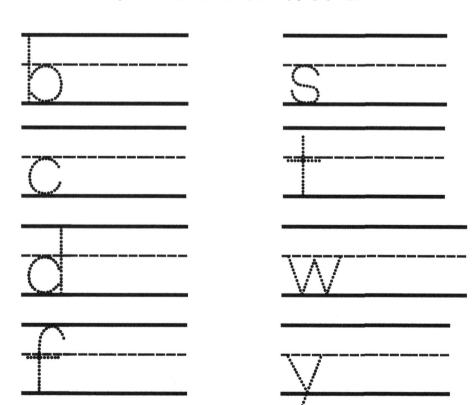

Word Families with The Cartlin Carts

WORD FAMILY
-ent

bent
cent
dent
rent

tent

sent
tent
vent
went

Finish the word

b___
c___
d___
r___

s___
t___
v___
w___

Word Families with The Cartlin Carts

WORD FAMILY
-est

best
jest
nest
rest

test
vest
west
zest

nest

Finish the word

b___ t___
j___ v___
n___ w___
r___ z___

Word Families with The Cartlin Carts

WORD FAMILY
-ice

ice
dice
lice
mice

nice
price
rice
vice

mice

Finish the word

_ice
d_ice
l_ice
m_ice

n_ice
pr_ice
r_ice
v_ice

Word Families with The Cartlin Carts

WORD FAMILY
-ick

click
kick
lick
nick

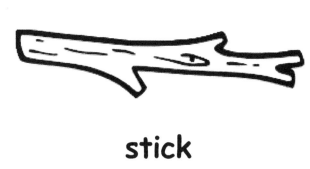
stick

sick
stick
tick
wick

Finish the word

c_ _ _
k_ _ _
l_ _ _
n_ _ _

s_ _ _
st_ _ _
t_ _ _
w_ _ _

Word Families with The Cartlin Carts

WORD FAMILY
-ide

bide
bride
hide
pride

slide

ride
side
slide
tide

Finish the word

b___
br___
h___
pr___

r___
s___
sl___
t___

Word Families with The Cartlin Carts

WORD FAMILY
-ike

alike
bike
dike
hike

like
pike
strike
trike

trike

Finish the word

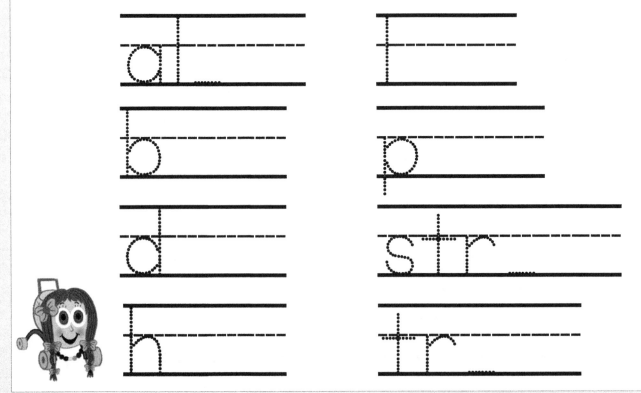

Word Families with The Cartlin Carts

WORD FAMILY
-ill

bill   hill
dill   ill
fill   pill
gill   hill   will

Finish the word

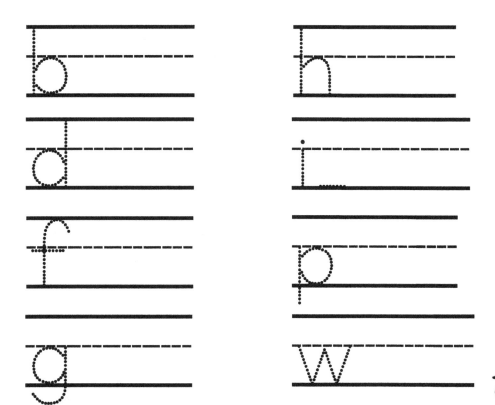

Word Families with The Cartlin Carts

WORD FAMILY
-ine

dine
fine
line
mine

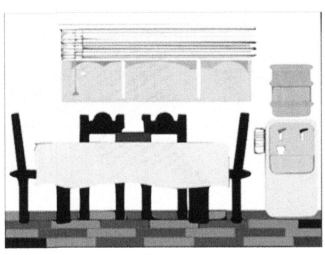

dine

nine
pine
spine
vine

Finish the word

d___ n___
f___ p___
l___ sp___
m___ v___

Word Families with The Cartlin Carts

WORD FAMILY
-ing

bring
ding
king
ping

king

ring
sing
wing
zing

Finish the word

br___
d___
k___
p___

r___
s___
w___
z___

Word Families with The Cartlin Carts

WORD FAMILY
-ink

drink
ink
kink
link

wink

pink
rink
sink
wink

Finish the word

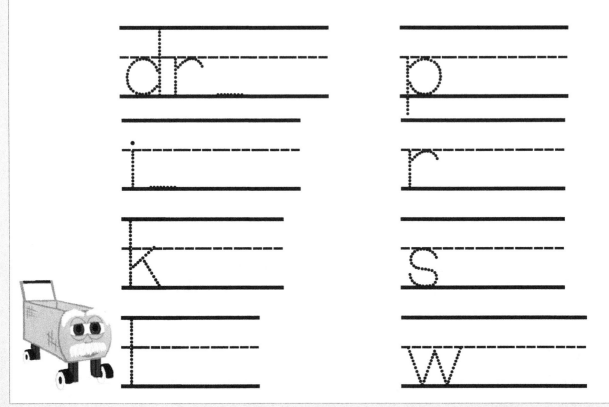

Word Families with The Cartlin Carts

WORD FAMILY -ish

dish
fish
knish
pish

fish

squish
swish
whish
wish

Finish the word

d___	squ___
f___	sw___
kn___	wh___
p___	w___

Word Families with The Cartlin Carts

WORD FAMILY
-ite

bite
kite
lite
quite

bite

site
unite
white
write

Finish the word

b___

k___

l___

qu___

s___

un___

wh___

wr___

Word Families with The Cartlin Carts

WORD FAMILY
-oat

bloat
boat
coat
float

coat

gloat
goat
moat
oat

Finish the word

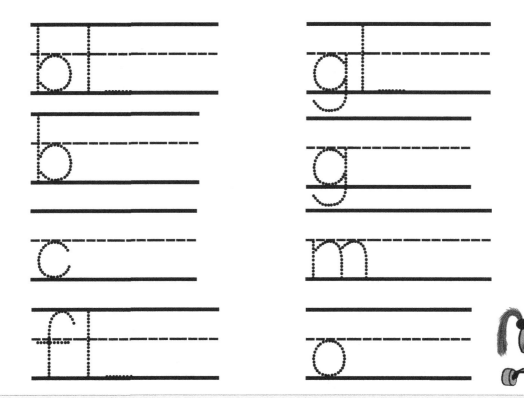

Word Families with The Cartlin Carts

WORD FAMILY
-ock

block
clock
dock
flock

jock
lock
rock
sock

clock

Finish the word

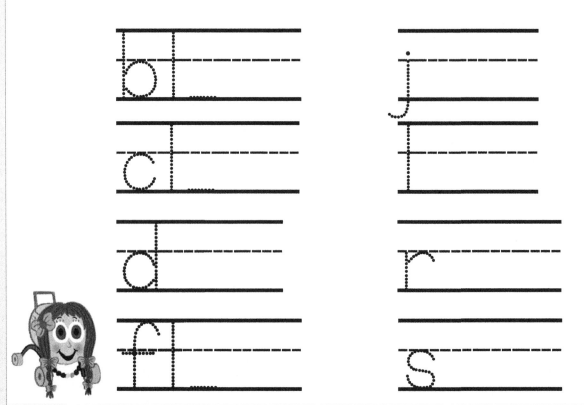

Word Families with The Cartlin Carts

WORD FAMILY
-oke

awoke
broke
choke
coke

yoke

joke
poke
woke
yoke

Finish the word

aw__
br__
ch__
c__

j__
p__
w__
y__

Word Families with The Cartlin Carts

WORD FAMILY
-old

bold
cold
fold
gold

old

hold
old
sold
told

Finish the word

b
c
f
g

h
o
s
t

Word Families with The Cartlin Carts

WORD FAMILY
-one

alone
bone
cone
done

stone

drone
gone
lone
stone

Finish the word

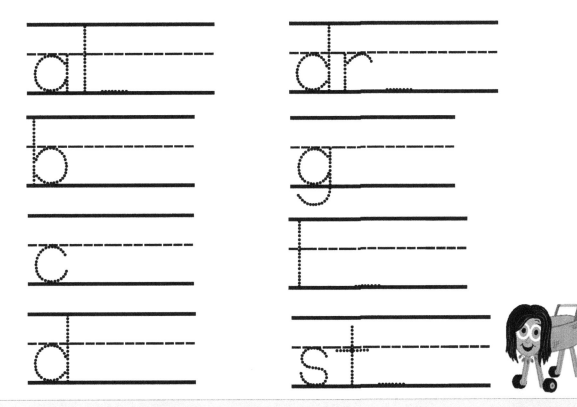

Word Families with The Cartlin Carts

WORD FAMILY
-ook

book
brook
cook
ebook

look

hook
look
shook
took

Finish the word

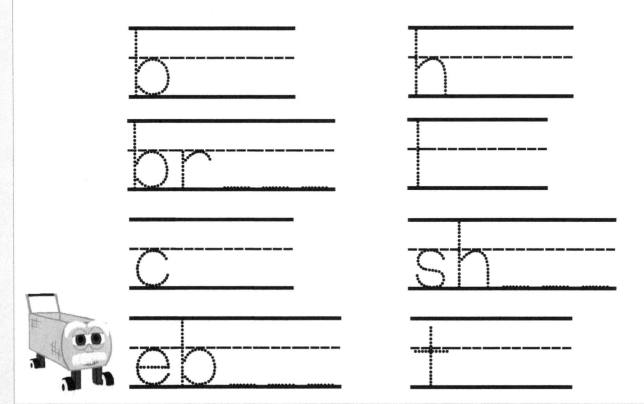

Word Families with The Cartlin Carts

WORD FAMILY
-ool

cool　　　　　　　　　spool
drool　　　　　　　　 stool
fool　　　　　　　　　 tool
pool　　　　　　　　　wool

spool
Finish the word

c　　　　　　　sp

dr　　　　　　 st

f　　　　　　　 t

p　　　　　　　w

Word Families with The Cartlin Carts

WORD FAMILY
-oon

balloon
cartoon
goon
moon

balloon

noon
soon
spoon
swoon

Finish the word

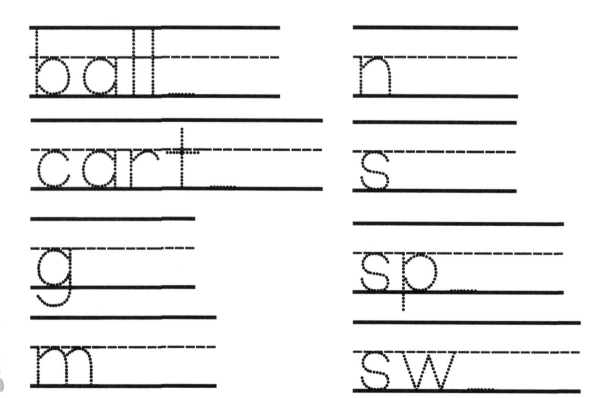

ball____   n____
cart____   s____
g____   sp____
m____   sw____

Word Families with The Cartlin Carts

WORD FAMILY
-ore

bore
core
fore
lore

core

more
pore
score
wore

Finish the word

b___
c___
f___
l___

m___
p___
sc___
w___

Word Families with The Cartlin Carts

WORD FAMILY
-own

brown
clown
crown
down

clown

frown
gown
own
sown

Finish the word

br_____   fr_____

cl_____   g_____

cr_____   o_____

d_____   s_____

Word Families with The Cartlin Carts

WORD FAMILY
-uck

duck

buck
duck
luck
pluck

snuck
stuck
tuck
yuck

Finish the word

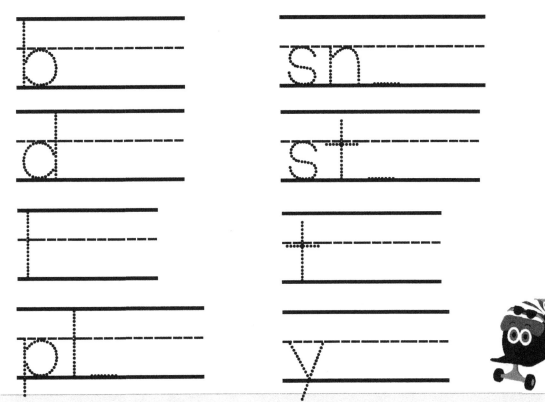

Word Families with The Cartlin Carts

WORD FAMILY
-ump

stump

bump	pump
dump	rump
jump	stump
lump	ump

Finish the word

b___   p___
d___   r___
j___   s t___
l___   u___

Word Families with The Cartlin Carts

WORD FAMILY
-unk

bunk
clunk
dunk
hunk

skunk

junk
skunk
sunk
trunk

Finish the word

Word Families with The Cartlin Carts

WORD FAMILY
-ight

eight
fight
hight
light

light

night
right
sight
tight

Finish the word

e_ _ _ _
f_ _ _ _
h_ _ _ _
l_ _ _ _

n_ _ _ _
r_ _ _ _
s_ _ _ _
t_ _ _ _

Word Families with The Cartlin Carts

The Cartlin Carts

"Visit us again soon!"

Jack,
Benny, Sammie,
Marie, Josh, Rachel,
Julie and Grampa

©2021 Adventures in Imagination Publishing
www.thecartlincarts.com

Made in the USA
Middletown, DE
01 September 2021